Anselm Grün

Schenk mir ein weites Herz

Gebete

HERDER

FREIBURG · BASEL · WIEN

www.herder.de

Buchgestaltung/Illustrationen:
Manuela Wiedensohler
www.schwarzwald-maedel.de
Druck und Bindung:
fgb · freiburger graphische betriebe
www.fgb.de

Gedruckt auf umweltfreundlichem,
chlor- und säurefrei gebleichtem Papier
Printed in Germany

ISBN 13: 978-3-451-29223-1
ISBN-10: 3-451-29223-8

SCHENK MIR EIN WEITES HERZ

Beten ist immer etwas Persönliches.
Ich sage Gott, was mich berührt. Aber manchmal ist es gut, wenn ein anderer uns Worte anbietet, damit wir dann unsere eigenen Worte finden.
In diesem Band habe ich Gebete aufgeschrieben, die innere Themen meiner Seele betreffen: danken und vertrauen, mich selbst annehmen, mit meinen Ängsten und Sorgen Umgang finden. Es ist heilsam, im Gebet die eigenen Gefühle auszusprechen. Was übersprungen wird, setzt sich in der Seele fest.
Wenn es aber vor Gott getragen wird, kann das Gebet das Herz verwandeln und es mit Vertrauen und Dankbarkeit erfüllen. Die Gebete im ersten Teil dieses Buches („Gebete des Herzens") wollen eine Unterstützung sein, das, was im eigenen Herzen da ist, aber oft keine Worte findet, vor Gott zum Ausdruck zu bringen.

Im zweiten Teil („Gebete des Segens") habe ich Gebete verfasst, die um Gottes Segen bitten: für die Räume und Zeiten unseres Alltags, vor allem aber für die Menschen, für die ich gerne beten möchte.

Viele unserer Gebete sind Fürbitten. Wenn ich für einen anderen bete, dann verwandelt das Gebet zumindest mich selbst. Ich bekomme mehr Hoffnung für den andern. Ich fühle mich mit ihm verbunden. So werde ich ihm anders begegnen, offener, vertrauensvoller und hoffnungsvoller. Das wird auch den andern verändern. Doch die Wirkung der Fürbitte geht über eine solche rein psychologische Erklärung hinaus. Wir dürfen darauf vertrauen, dass Gott selbst an die Menschen denkt und dass das Gebet eine eigene Wirklichkeit schafft.

Die Gebete des dritten Teils („Gebete im Jahreskreis“) wollen dabei helfen, die heilsamen Zeiten des Kirchenjahres bewusst zu erleben. Im Laufe des Kirchenjahres werden wir mit wichtigen Themen unserer Seele konfrontiert. Indem unser Innerstes angesprochen und im Gebet und in der Feier des Festes ausgedrückt wird, werden nach und nach alle Bereiche unserer Seele von Gottes heilender Liebe berührt. So bekommt jede Zeit ihr eigenes Gepräge. Und wir spüren:

Jede Zeit ist eine heilsame und Heil bringende Zeit, eine Zeit, in der Jesus Christus heute an mir wirkt, was er damals an den Menschen gewirkt hat, denen er begegnet ist.

Das Ziel des Gebetes ist, dass ich nach allem, was ich Gott gesagt oder hingehalten habe, in die Stille komme. Die Gebete im vierten Teil („Gebete der Stille“) sollen hinführen zu diesem inneren Raum des Schweigens, den ich im fünften Teil („Gebete ohne Worte“) noch einmal beschreibe.
Im Schweigen der Worte und im wortlosen Beten mit leibhaften Gebärden können wir uns ganz in Gottes Gegenwart stellen – mit einem weiten Herzen, das bereit ist, Gott aufzunehmen.

So erfahren wir, was *Evagrius Ponticus* im vierten Jahrhundert über das Gebet gesagt hat: „Es ist die größte Gabe Gottes. Es gibt nichts Wertvolleres auf Erden. Was kann es Größeres geben, als ganz persönlich mit Gott zu sprechen und ganz in seiner Gegenwart zu leben?“

Gebete des Herzens

Gebete des Segens

Gebete im Jahreskreis

GEBETE DES HERZENS

Gebete des Herzens

Was kein Auge gesehen
und kein Ohr gehört hat
und was in keines Menschen Herz
gedrungen ist:
All das hat Gott denen bereitet,
die ihn lieben.

nach 1. Korintherbrief 2,9

Sehnsucht des Herzens

Im Grunde unseres Herzens sehnen wir uns nach Gott. Der Heilige Geist, der „mit Seufzen, das wir nicht in Worte fassen können“ (Römer 8,26) für uns eintritt, facht die Sehnsucht an, die in uns ist, von der wir aber oft genug im Getriebe des Alltags abgeschnitten sind. Beten heißt dann: Dass wir uns mit allem, was in uns ist, nach dem Gott der Liebe sehnen, der allein unsere Sehnsucht zu erfüllen vermag. „Willst du das Beten nicht unterbrechen, so unterbrich die Sehnsucht nicht“ (Augustinus). Indem wir im Gebet mit der Sehnsucht unseres Herzens in Berührung sind, spüren wir, dass wir nicht nur Menschen dieser Erde sind, sondern zugleich Menschen des Himmels. Menschen, die jetzt schon in Gott sind.

Ich danke dir für jeden Augenblick

Guter Gott, ich danke dir
für alles, was du mir geschenkt hast.
Du hast mir viele Fähigkeiten zugeteilt.
Du hast mir diesen Leib gegeben,
in dem meine Seele gerne wohnt,
in dem du selbst Wohnung genommen hast.
Mit ihm kann ich mich freuen, kann ich lieben,
aber auch arbeiten und Sport treiben.
Du hast mir gute Menschen geschenkt …
Du hast mir immer im rechten Augenblick
einen Menschen geschickt,
der für mich zum Engel geworden ist und
mir weitergeholfen hat auf meinem Weg.
Du hast mich auf meinem Weg begleitet,
auch wenn ich dich manchmal nicht gespürt
oder mich nicht sehr für dich geöffnet habe.
Ich danke dir für jeden Augenblick.
Denn in jedem Augenblick bist du bei mir.
In jedem Augenblick willst du mich beschenken:
mit Begegnungen, die mich berühren,
mit Worten, die mir den Weg weisen,
mit einem Blick, der mein Herz öffnet.

Ich danke dir,
dass du mich so geschaffen hast, wie ich bin,
einzigartig und einmalig.
Du hast mich berufen, etwas von dir
in dieser Welt auszudrücken,
was nur durch mich ausgedrückt werden kann.
Ich danke dir für dieses Leben,
für jeden Augenblick, in dem ich atmen,
fühlen, lieben und mich freuen kann.
Ich danke dir, dass du bei mir bist
und mich bedingungslos annimmst.
Ich bitte dich,
dass ich dankbar durch das Leben gehe
und durch meine Dankbarkeit
auch den Menschen um mich herum
die Augen öffne für das Geheimnis
ihres Lebens.
Amen.

Verwandle meine Zweifel in Vertrauen

Barmherziger Gott, ich sehne mich danach,
voller Vertrauen durch das Leben zu gehen.
Aber ich spüre oft Misstrauen und Angst.
Ich möchte dir vertrauen.
Und doch habe ich manchmal Zweifel,
ob ich dir trauen kann.
Verwandle du meine Zweifel in ein Vertrauen,
das deinen Worten und deiner heilenden und
liebenden Gegenwart traut.
Schenke mir dieses Vertrauen auch,
wenn ich vor schwierigen Situationen stehe
und nicht weiß, wie es weitergehen soll.
Lass mich vertrauen,
dass du mich in deinen guten Händen trägst,
dass du deine schützende Hand über mir hältst
und dass du mir den rechten Weg zeigst,
auf dem ich weitergehen soll.

Schenke mir auch Vertrauen in mich selbst.
Ich zweifle oft an mir, habe Angst,
was die andern von mir denken könnten.

Ich möchte gerne ein so starkes
Selbstvertrauen haben,
dass es mir nichts mehr ausmacht,
was andere über mich reden.
Aber ich möchte mich auch nicht
über die anderen stellen.
Ich möchte einfach voller Vertrauen
die/der sein dürfen, die/der ich bin,
frei von dem Druck,
mich vor andern beweisen zu müssen.

Schenke mir Vertrauen zu den Menschen,
auch zu denen, die mein Vertrauen
missbraucht haben. Lass mich trotz allem
an den guten Kern in ihnen glauben.
Gib mir ein Vertrauen, das den aufrichtet,
der nicht vertrauen kann,
das einen Raum um ihn schafft,
in dem er sich angenommen weiß und in dem
das, was in ihm steckt, aufblüht.
Du selbst hast Vertrauen in mich
und in die Menschen, mit denen ich lebe.
Amen.

Einfach da sein vor dir

Gütiger Gott, du Gott der Freiheit,
ich spüre oft, wie ich um mich selber kreise
und wie ich an mir selbst festhalte.
Bei allem, was ich tue, frage ich mich,
ob es auch gut genug ist
oder was es mir nützt.
Wenn ich bete, denke ich
an die tausend Dinge, die gerade anstehen.
Ich möchte mich im Gebet so gerne einfach
loslassen, einfach nur vor dir da sein,
deine Gegenwart wahrnehmen.
Ich möchte frei werden von der Sucht,
alles auf mich zu beziehen und
alles zu beurteilen.
Lass mich einfach da sein,
ohne darüber nachzudenken, wie weit ich
auf meinem Weg zu dir schon bin.
Ich möchte mich im Gebet vor dir
vergessen können, damit nur noch
deine Gegenwart zählt.

Aber ich weiß um meine Ohnmacht.
Mein Ego, das alles auf sich bezieht,
das alles beurteilt, das mit allem,
was es tut, etwas erreichen will
– sogar mit dem Gebet – ,
stellt sich immer störend dazwischen.
So bitte ich dich um die Fähigkeit,
alles, was mich bewegt, all meine
bewertenden Gedanken und mich selbst
auf dich hin loszulassen.
Ich ahne,
dass dieses Mich-Vergessen mich befreit.
Ich möchte einfach nur
vor dir sein, in dir sein.
damit deine Liebe
die eigentliche Wirklichkeit wird,
um die es geht.
Amen.

Einstimmen in das Lob der Engel

Allmächtiger, ewiger Gott,
„vor dem Angesicht der Engel will ich
dir Psalmen singen“ *(Psalm 138,1)*.

Das Wort aus den Psalmen öffnet mir die Augen
für das Geheimnis unseres Betens und Singens.
Wir beten nicht nur für uns.
Wir erfüllen nicht nur eine religiöse Pflicht.
Wir tauchen vielmehr ein in den Gottesdienst
des Himmels, in den Lobgesang der Engel,
die um deinen Thron stehen und dir
das Dreimal-Heilig zusingen.
Ich sehne mich danach, in meinem Gebet
mit den Engeln dein Antlitz zu schauen.

Oft schaue ich beim Beten auf mich selbst
und auf meine Probleme. Schenke mir Anteil
an dem ungeteilten Blick der Engel.
Die Engel gehen auf in ihrem Lobpreis.
Sie sind in ihrem Lob ganz und gar
auf dich gerichtet.

Schenke mir Anteil an diesem Lob der Engel,
damit ich im Loben mich selbst vergesse
und nur auf dich schaue, den Schöpfer
der ganzen Welt, den, der alles trägt,
den, der jetzt gegenwärtig ist.
Wenn ich dich – wie die Engel –
mit ungeteiltem Herzen lobe,
dann werde ich meinem Wesen gerecht
als ein Geschöpf, das sein Dasein
dir verdankt.
Wenn du im Mittelpunkt stehst,
dann – so hoffe ich – komme auch ich
in meine Mitte und dann öffnet sich
über der Welt um mich herum der Himmel.
Dann kommt diese Welt in Ordnung.
So lass mich einstimmen
in den Lobgesang der Engel und
schenke mir etwas von ihrer Leichtigkeit.
Amen.

Es fällt mir schwer, mich anzunehmen

Barmherziger Gott,
es fällt mir so schwer,
mich selbst anzunehmen.
Es gibt so vieles, was mich an mir stört:
meine Ungeduld, meine Unruhe,
meine Oberflächlichkeit, meine Empfindlichkeit.
Ich halte dir alles hin,
was mich an mir ärgert.
Ich weiß, dass du mich bedingungslos annimmst.
Du beurteilst und verurteilst mich nicht.
Ich selber bin es,
der so unbarmherzig mit mir umgeht.
Oder aber es ist der innere Richter in mir,
den ich einfach nicht abstellen kann.
Ich halte dir meine Ohnmacht hin,
und vertraue darauf,
dass deine Annahme stärker ist
als meine Unfähigkeit, mich anzunehmen.
Ich halte dir meine leeren Hände hin.
Du wirst meine Leere
mit deiner Liebe ausfüllen.
Du nimmst mich an mit allem,
was ich nicht anzunehmen vermag

Auch wenn ich weiß, dass du mich annimmst,
fällt es mir schwer, daran zu glauben.
Manchmal möchte ich auch vor dir
die Seiten verstecken,
die ich selbst nicht anschauen will.
Aber jetzt will ich es wagen.
Schau auf meine Hände,
in denen ich dir meine Wahrheit hinhalte.
Schau in mein Herz.
Ich will es nicht vor dir verschließen.
Ich lasse dich in alle Abgründe
meiner Seele schauen, damit dein gütiger Blick
alles in mir verwandelt.
Wenn deine Liebe alles in mir durchdringt,
dann vermag auch ich, alles in mir
mit einem wohlwollenden Blick anzuschauen.
Dann finde ich den Mut,
auch selber gütiger mit mir umzugehen und
im Vertrauen auf deine bedingungslose Liebe
mich selbst zu lieben,
so wie ich geworden bin.
Amen.

Mein Gewissen klagt mich an

Gütiger Gott,
mein Gewissen klagt mich an.
Ich spüre in mir viele Selbstvorwürfe.
Immer wieder werfe ich mir vor.
Ich kann nicht mehr rückgängig machen,
was ich getan oder gesagt habe.
Aber ich will aufhören,
mich selbst zu beschuldigen.
Ich verzichte auch darauf,
mich zu entschuldigen.
Denn ich spüre, dass ich dann
immer wieder neue Gründe brauche,
um mich schuldlos zu fühlen.
Ich halte dir einfach hin, was in mir ist.
Ich überlasse es deinem Urteil.
Doch ich vertraue,
dass du alles in mir annimmst,
auch das, was nicht so gut war,
wo ich schuldig geworden bin.
Ich halte dir mein Herz hin mit all dem,
was jetzt in mir auftaucht.

Auch meine Enttäuschung halte ich dir hin.
Dann bricht sie mich auf für dich.
Dann zeigt sie mir, dass ich nicht auf mich
oder auf meine Gefühle bauen kann,
sondern letztlich nur auf dich
als den wahren Grund meines Lebens.
Denn vor dir darf alles sein.
In deinem liebenden Blick
verliert all das Negative in mir an Macht.
Es ist noch da, aber es hat mich
nicht mehr im Griff.
Wenn ich mich dir schutzlos aussetze,
dann komme ich wirklich zur Ruhe.
Dann hört mein Herz auf,
mich selbst anzuklagen.
Es geht mir auf, was in der Heiligen Schrift
geschrieben steht:
„Wenn das Herz uns auch verurteilt –
Gott ist größer als unser Herz,
und er weiß alles“ *(1 Johannesbrief 3,20).*
Amen.

Warum dieses Leiden?

Allmächtiger und barmherziger Gott,
ich verstehe einfach nicht,
warum du mir dieses Leid zugemutet hast.
Ich habe doch immer versucht,
deine Gebote zu befolgen, zu beten und
aus dem Geist Jesu Christi zu leben.
Warum hast du dieses Leid
nicht von mir abgewendet?
Du bist doch allmächtig!
Wenn du barmherzig bist,
warum hast du mich dann nicht
vor all diesen Schmerzen bewahrt?
Ich spüre in mir die Versuchung,
mich dir gegenüber zu verschließen:
„Es hat ja doch alles keinen Zweck."
„Es hilft nicht, wenn ich zu dir bete."
„Es geschieht ja doch,
wie es offensichtlich geschehen muss."
Aber ich will trotzdem nicht von dir lassen.
Meine Geschichte mit dir ist mir zu wichtig,
als dass ich dich aufgebe und von dir ablasse.

Ich halte es mit den frommen Juden,
die dich anklagen, aber sich vom Leid
nicht abbringen lassen, zu dir zu schreien.
So schreie ich zu dir in meinem Schmerz.
Höre mich, dass mein Schmerz sich lindert.
Verbirg dein Gesicht nicht vor mir!
Sende mir deinen Heiligen Geist,
dass ich mich selber nicht aufgebe,
sondern meinen Weg weitergehen kann.
Zeige dich mir
als gnädiger und barmherziger Gott.
Verwandle du mein Leid,
damit ich durch die Tränen hindurch
dich wieder erkenne als den,
der mich in keinem Augenblick meines Lebens
verlassen hat und alle Wege mit mir geht.
Amen.

Ich habe Angst

Herr, ich habe Angst.
Ich möchte ja auf dich vertrauen.
Aber wenn die Angst nach mir greift,
ist mir, als ob du gar nicht da wärest.
Was soll ich machen, wenn die Angst
alles in mir beherrscht?
Ich flüchte zu dir.
Was willst du mir sagen durch meine Angst?
Habe ich die Maßstäbe für mich
zu hoch gesetzt? War ich maßlos?
Und du willst mich darauf aufmerksam machen,
meinem Maß entsprechend zu leben?
Ich halte dir meine Ängste hin und bitte dich:
Zeige mir, worauf du mich in meiner Angst
hinweisen möchtest.
Aber gib mir auch festen Halt,
damit ich nicht in meiner Angst versinke.
Lass mich auf dich als festen Grund bauen,
damit die Angst mein Lebenshaus
nicht zu zerstören vermag.
Ich habe schon viel nachgedacht
über meine Ängste.
Ich habe mit anderen darüber gesprochen.
Aber trotzdem komme ich nicht von ihnen los.

So flüchte ich mich zu dir mit meiner Angst.
Ich weiß, dass du sie mir nicht einfach
wie mit einem Schwamm wegwischst.
Aber ich vertraue darauf,
dass du mir deinen Engel
in meine Angst schickst,
damit sich meine Angst wandelt.
Sende mir deinen Geist, stärke mich
und führe mich an den inneren Ort in mir,
zu dem die Angst keinen Zutritt hat.
Dort wird die Angst entmachtet.
Lass mich von diesem inneren Ort aus
gemeinsam mit dir auch in die Bereiche
meiner Seele vordringen,
die noch von der Angst besetzt sind.
Wenn du mit mir eintrittst
dann werden immer mehr Räume
von deinem Vertrauen, von deinem Licht,
von deiner Klarheit erfüllt.
Sei du bei mir in meiner Angst
und verwandle sie.
Amen.

Ich komme zu dir mit meiner Krankheit

Heiliger Gott, du bist der wahre Arzt
meiner Seele und meines Leibes.
Ich komme zu dir mit meiner Krankheit.
Ich hatte gedacht, ich wäre im Einklang
mit meinem Körper. Doch jetzt hat mich
diese Krankheit erfasst.
Ich bin enttäuscht über mich selbst.
Und ich bin wütend, dass die Krankheit
mir einen Strich durch meine Rechnungen macht.
Ich muss so viele Termine absagen.
Manches, was ich mir vorgenommen habe,
werde ich nie mehr erfüllen können.
Warum hat mich diese Krankheit getroffen?
Was habe ich falsch gemacht?
Was habe ich bei mir übersehen?
Was will mir die Krankheit sagen?

Barmherziger Gott, ich verzichte darauf,
die Ursachen meiner Krankheit zu erforschen.
Ich weiß nicht, warum sie mich getroffen hat.
Aber ich bitte dich,
mir in meiner Krankheit beizustehen.

Heile du meine Wunden.
Lass deinen heilenden Geist,
deine heilende Liebe in meine Wunden strömen,
damit sie sich schließen.
Stärke mich in meiner Krankheit,
dass ich sie tragen kann,
dass ich von ihr aufgebrochen werde
für mein wahres Selbst.

Ich spüre, wie ich gegen dich rebelliere.
Aber ich halte trotzdem an dir fest.
Ich lasse in der Krankheit nicht von dir los.
Ich möchte wissen, wer du bist.
Du zeigst dich in meiner Krankheit anders
als bisher. Aber ich vertraue darauf,
dass du mich nicht verlässt
und dass du mir neu aufgehst
als der unbegreifliche Gott
und doch in aller Unbegreiflichkeit
als der Gott, der mich liebt.
Amen.

GEBETE DES SEGENS

Gebete des Segens

Der allwaltende Gott ist mir erschienen.
Er hat mich gesegnet
und zu mir geredet:
Siehe, dein Leben wird fruchtbar sein.

nach Genesis/1 Mose 48,4b–4a

Der Herr segne dich und behüte dich.
Der Herr lasse sein Angesicht
über dir leuchten
und sei dir gnädig.
Der Herr erhebe sein Angesicht hin zu dir
und schaffe dir Frieden und Heil.

Numeri /4 Mose 6,24–26

Ansteckender Segen

Wenn wir in uns hineinschauen, treffen wir nicht nur auf die Asche verbrannter Hoffnungen, sondern auf eine starke Glut der Liebe. Beten heißt: die Glut der göttlichen Liebe wieder in mir spüren und mich von dieser Glut erwärmen und beleben lassen, damit sie durch mich auch anderen Wärme gebe. Beten heißt: das Feuer in mir zu hüten, damit von diesem Feuer der göttlichen Liebe auch ein Funke auf die überspringen kann, mit denen ich zu tun habe und die mir am Herzen liegen.

Segen für den Ehepartner

Barmherziger Gott,
segne meinen Mann (meine Frau)
und halte schützend deine Hand über ihn (sie).
Ich danke dir für diesen Menschen,
den du mir zur Seite gestellt hast,
mit dem ich mein Leben teilen darf.
Du hast mich durch ihn gesegnet.
Ich habe so viel durch ihn empfangen.
So bitte ich dich:
Sende ihm (ihr) deinen Heiligen Geist.
Bring ihn (sie) durch deinen Geist
in Berührung mit der inneren Quelle der Liebe,
die nie versiegt, weil sie göttlich ist.
Lass ihn (sie) immer aus dieser Liebe trinken,
auch wenn Gefühle sich manchmal verflüchtigen
oder schwächer werden.
Lass uns gemeinsam
an diese Quelle der Liebe glauben,
die uns im Tiefsten miteinander verbindet.

Segne unsere gemeinsame Liebe,
dass sie uns immer tiefer zusammenführt
und uns Anteil schenkt
an deiner göttlichen Liebe, die in uns fließt.
Segne seine (ihre) Arbeit,
damit sie ihm (ihr) Freude bereitet und
damit davon Segen ausgeht für die Menschen,
Begleite ihn (sie) auf allen Wegen,
dass er (sie) sich von dir behütet weiß
und überall deine liebende Nähe spürt.
Schenke ihm (ihr) inneren Frieden,
dass er (sie) sich im Einklang weiß
mit sich selbst und seinen (ihren) Weg geht
voll Vertrauen in die Zukunft.
Segne unsere gemeinsame Zukunft,
dass wir einander stützen und wachhalten
und so sensibel bleiben für das,
was du uns zutraust, für den Segen,
der von uns gemeinsam ausgehen soll.
Amen.

Segen für die Kinder

Barmherziger und guter Gott,
ich danke dir für die Kinder,
die du uns geschenkt hast.
Jedes Kind ist einmalig.
Manchmal verstehe ich nicht,
was in jedem vor sich geht.
Und manchmal fühle ich mich überfordert,
wenn ich zu sehr mit mir beschäftigt bin.

Segne meine Kinder und begleite sie
auf allen Wegen mit deinem Segen,
dass sie sich immer und überall
von dir behütet und geschützt wissen.
Halte deine gute Hand über sie,
damit das, was du in sie hineingelegt hast,
sich auch entfalten und heranreifen kann.
Behüte sie vor Gefahren, vor falschen Freunden
und negativen Einflüssen.
Gib ihnen ein gutes Gespür
für die eigene Wahrheit und den eigenen Wert.
Lass die Gaben, die du ihnen geschenkt hast,
zum Segen werden für sie und für die Menschen.

Und schenke mir das Vertrauen,
dass jedes Kind unter deinem Segen steht,
dass ich sie freilassen kann.
Du hältst deine Hand über sie.
Du sorgst für sie.
Du wirst sie den richtigen Weg führen,
auch dann, wenn sie nicht mehr verstehen,
was ich ihnen vermitteln möchte.
So vertraue ich darauf,
dass du meine Kinder segnest
und dass sie als Gesegnete ihren Weg gehen.

Öffne mir die Augen,
dass ich den Segen verstehe,
der mir durch die Kinder entgegenkommt.
Du hast mich durch sie gesegnet.
Lass uns alle gemeinsam
füreinander zum Segen werden.
Amen.

Segen für junge Menschen

Barmherziger Gott, segne die jungen Menschen
in Schule und Ausbildung.
Sie kommen mit ihren Sorgen und Ängsten,
mit den Verletzungen, die sie erfahren haben.
Oft gehen sie in den Tag mit Worten wie:
„Mach doch schneller.
Sonst kommst du zu spät!"
„Musst du am Morgen
immer solche Unordnung machen?!"
Dann müssen sie in Schule und Ausbildung
ihre Probleme ausleben.
Ihre Lehrer und Erzieher trifft es oft,
wenn sie sich daheim nicht geborgen fühlen,
wenn sie mit ihren Enttäuschungen nicht
zurechtkommen und ihre inneren Störungen
nicht aushalten können.

Segne die jungen Menschen, erfülle sie
mit dem, was sie für sich brauchen,
mit Liebe, mit Verständnis, mit Geborgenheit,
mit Klarheit, mit innerem Frieden.
Schenke ihnen Freude am Leben
und Hoffnung für ihre Zukunft,
dass sie offen sind für das Leben,
offen für andere Menschen.

Gib ihnen Verständnis füreinander.
Tröste sie, wenn sie sich verletzt
und verlassen fühlen.
Stärke sie, wenn sie sich schwach
und minderwertig fühlen.
Lass sie erfahren,
dass sie vor dir wertvoll sind,
weil du jeden von ihnen annimmst und liebst.
Wecke mit deinem Segen das Gute,
das du in sie hineingelegt hast.
Schenke ihnen inneren Halt
und die Fähigkeit, zu sich zu stehen
und ihren Stand im Leben zu finden.

Segne alle Frauen und Männer,
die unterrichten und erziehen,
damit sie die jungen Menschen
als Gesegnete anschauen
und selbst zum Segen werden für sie
und das Gute in ihnen hervorlocken.
Amen.

Segen für Arbeitskollegen und -kolleginnen

Barmherziger Gott,
bevor ich zur Arbeit gehe, bitte ich dich für
meine Arbeitskollegen und Arbeitskolleginnen.
Auf manche freue ich mich.
Manche möchte ich am liebsten gar nicht sehen.
Manche flößen mir Angst ein.
Ich bitte für sie alle, dass du sie segnest.
Du liebst jeden von ihnen.
In jedem von ihnen ist dein göttlicher Funke.
Jeder ist ein Bruder oder eine Schwester Jesu,
in jedem kann ich sein Antlitz erkennen.
Erinnere mich bei jeder Begegnung daran,
dass du sie gesegnet hast und dass ich
gesegneten Menschen begegne, die du liebst.
Das wird meinen Blick für sie ändern.

Segne die Kollegin,
der es momentan gar nicht gut geht.
Ich spüre, dass sie sich schwer tut
mit sich selbst und mit allem,
was daheim auf sie einströmt
und von ihr gefordert wird.

Halte deine Hand über sie,
dass sie sich nicht allein gelassen fühlt,
dass sie mit ihrer inneren Kraft
in Berührung kommt.

Segne den Kollegen, der auf der Flucht ist
vor sich selbst, der so unberechenbar ist,
weil er vor dem inneren Chaos ausweicht.
Schenke ihm inneren Frieden,
dass er sich selber annehmen kann und es
nicht mehr nötig hat, seine Zerrissenheit
bei der Arbeit auszuleben.
Schenke ihm, wonach er sich im Tiefsten sehnt
und was er braucht, um in Einklang
mit sich selbst zu kommen.

Segne meine Kollegen und Kolleginnen
und segne unsere Arbeit,
dass davon Segen ausgeht für die Menschen.
Segne unser Miteinander, dass wir gemeinsam
einen Ort schaffen, an dem dein Geist
der Liebe und des Friedens
für viele sichtbar und erfahrbar wird.
Amen.

Segen für Kranke

Gott,
du allein vermagst unsere Wunden zu heilen.
Du bist der wahre Arzt für Leib und Seele.
Segne meine kranke Freundin, meinen kranken Freund, meinen kranken Vater, meine kranke Mutter …
Segne die Kranken, an die ich gerade denke.
Ich spüre meine Ohnmacht, ihr (ihm) zu helfen.
Mir bleiben die Worte im Munde stecken.
Ich habe Angst,
sie (ihn) mit meinen Worten zu verletzen.

So bitte ich dich, dass du sie (ihn) segnest.
Lass deine heilende Kraft in sie (ihn) eindringen
und heile ihre (seine) Krankheit.
Wärme sie (ihn) mit deiner Liebe,
damit sie (er) sich in ihrer Krankheit
bei dir geborgen und von dir umgeben weiß.
Dein heiliger und heilender Geist
vermag ihre (seine) Krankheit zu überwinden
und all das Dunkle in ihr (ihm)
mit deinem Licht zu erleuchten.

Vater, ich weiß nicht, was das Beste
für die Kranke (den Kranken) ist.
In allem geschehe dein Wille.
Stärke sie (ihn), damit sie (er) sich
in der Krankheit nicht allein gelassen fühlt.
Erfülle sie (ihn)
mit dem Geist deiner Klarheit,
damit die Zeit der Krankheit
wie ein Lehrmeister wird,
der einführt in das wahre Leben,
in das, worauf es wirklich ankommt.
Mache sie (ihn) empfänglich und durchlässig
für dein Licht, dass alles in ihr (ihm)
zum Segen wird, die Stärke und die Schwäche,
die Gesundheit und die Krankheit,
die Hoffnung und die Verzweiflung,
die Angst und das Vertrauen.
In allem möge sie (er) sich gesegnet wissen.
Dein Segen möge durch sie (ihn)
auch zu denen strömen, die sie (ihn) besuchen.
So segne diese Kranke (diesen Kranken)
der gütige und barmherzige Gott,
der Vater, der Sohn und der Heilige Geist.
Amen.

Segensgebet für Arme und Alleingelassene

Guter Gott,
täglich werde ich mit der Armut
und mit dem Leid von Menschen konfrontiert.
Ich spüre meine Ohnmacht, ihnen zu helfen.
Die Spenden, die wir geben, lindern so wenig
an ihrem Leid, ihrer Einsamkeit,
ihrer Verzweiflung, ihrer Armut.
Mein Gebet für sie
soll kein Ersatz für mein Handeln sein.
Zeige mir im Gebet, was du von mir erwartest.
Ich vertraue darauf,
dass mein Gebet für sie nicht umsonst ist.

Ich bitte dich, barmherziger Gott,
denke an die Menschen, an die keiner denkt,
die sich allein gelassen fühlen.
Zeige ihnen deine Nähe. Sprich zu ihrem Herzen
und berühre sie mit deiner Liebe.
Lass sie spüren,
dass du dein Auge auf sie wirfst,
weil sie vor dir wertvoll und einmalig sind.
Gib ihnen Mut, wenn sie sich selbst aufgeben.

Guter Gott, segne
die armen und allein gelassenen Menschen.
Dein Segen erfülle sie
mit innerem Reichtum und lasse sie
in sich den Schatz entdecken,
den ihnen niemand zu nehmen vermag.
Aber zeige ihnen auch Wege, wie sie
unter menschenwürdigen Umständen leben
und ihr Leben bewältigen können.
Sende ihnen Menschen,
die ihnen zu helfen vermögen,
durch die ihnen deine heilende
und helfende Nähe erfahrbar wird.
Amen.

Gebet für die Verstorbenen

Gott des ewigen Lebens,
vor dir sind die Toten nicht tot.
Sie sind in deine Herrlichkeit
und in deine Liebe hinein gestorben.
Öffne allen Sterbenden die Herzen,
damit sie nicht auf sich
und ihre Fehler und Schwächen schauen,
sondern auf deine Liebe,
in der sie sich mit allem, was sie sind,
bergen dürfen.
Lass deine Liebe stärker sein als
alle Selbstverurteilung und Selbstverachtung,
so dass sie sich in deine Liebe fallen lassen.

Gütiger Gott, die (der) Verstorbene fehlt mir.
Ich fühle mich so einsam.
Steh auch mir in meiner Trauer bei
und lass mich die helfende Nähe
der (des) Verstorbenen neu erfahren.
Ich danke dir,
dass du mir diesen Menschen geschenkt hast,
dass ich so viel mit ihr (ihm) teilen konnte.

Lass die Toten deine Herrlichkeit schauen
und in dir für immer Ruhe finden.
Und lass mich die Botschaft verstehen,
die sie (er) durch ihr (sein) Leben
und Sterben an mich richtet.
Ich möchte gerne mit meinem Leben
auf ihr (sein) Leben und Sterben antworten,
damit ich meine Lebensspur
in diese Welt eingrabe und so
zum Segen für andere werde.

Du hast die (den) Verstorbene(n)
zeit ihres (seines) Lebens gesegnet.
Du hast mich durch sie (ihn) gesegnet.
So lass sie (ihn) nun auch im Tod
für mich und für viele,
die mit ihr (ihm) verbunden waren,
zum Segen werden.
Amen.

Segnung meiner Wohnung

Barmherziger Gott,
du hast uns in Jesus, deinem Sohn, besucht
und hast in ihm bei uns Wohnung genommen.
So bitte ich dich für meine Wohnung:
Segne die Räume meiner Wohnung
und erfülle sie mit deinem Segen.
Treibe aus ihnen allen Ungeist aus,
alle Zwietracht, alle Traurigkeit,
alle innere Lähmung und Kälte.
Lass mich in diesen Räumen zu Hause sein
und daran glauben, dass du selbst
mit mir und in mir wohnst.
Wenn du, das Geheimnis,
in meinem Haus wohnst,
dann darf ich mich daheim fühlen.
Denn du selbst schaffst Heimat.

Segne mein Arbeitszimmer,
damit von meiner Arbeit Segen ausgeht.
Segne mein Wohnzimmer,
damit ich dort Ruhe finde,
mich erholen kann von der Arbeit

und mich geborgen fühle,
wenn ich allein dort einfach sein darf,
wie ich bin.
Und lass mich in diesem Wohnzimmer
die Gemeinschaft unserer Familie
und meiner Freunde genießen.
Segne die Küche, dass die Gaben,
die dort zubereitet werden, mich stärken,
mich gesund leben lassen
und mir Freude am Leben schenken.
Segne mein Schlafzimmer,
dass ich dort gut und in Frieden schlafen
und mich in deinen guten Armen bergen darf.
Segne auch meine Träume,
dass sie mir den Weg weisen und mir zeigen,
was ich für mein Leben brauche.

So segne alle Räume meiner Wohnung
und sei mir darin nahe,
dass ich durch deine Nähe mir selbst
und meiner Familie nahe sein kann.
Amen.

Segen über das gemeinsame Essen

Barmherziger Gott,
du hast uns in deiner Schöpfung
viele gute Gaben geschenkt.
Segne diese Gaben,
die wir jetzt gemeinsam genießen dürfen.
Segne unser Miteinander,
damit wir uns gemeinsam an deinen Gaben freuen
und so Gemeinschaft erfahren,
die zusammengehalten wird von dir
und deinem Geist der Liebe.
Segne unsere Gemeinschaft,
dass wir einander annehmen, wie wir sind,
und dass wir jedem gönnen,
was er für seinen Weg braucht.

Segne diese Gaben,
dass sie uns Kraft spenden
für die Anforderungen des heutigen Tages.
Stärke durch diese Gaben unsere Gesundheit,
vertiefe unsere Freude am Leben
und unsere Freude an dir.
Wir danken dir für alle guten Gaben.

Wir danken dir,
dass du ein Gott des Lebens bist,
der uns diese Speisen genießen lässt.
Lass uns in ihnen deine Güte,
deine Fürsorge und Liebe für uns erfahren.
In deinen Gaben schmecken wir
deine Süßigkeit, deine Liebe.
Wir spüren, dass du in unseren Herzen
einen angenehmen und guten Geschmack
hinterlässt.

So schenke auch uns eine gute Ausstrahlung,
dass von uns ein guter Geschmack ausgeht
und die Menschen durch uns etwas
von deiner heilenden und erhellenden Gegenwart
erfahren.
Amen.

Abendsegen

Barmherziger und guter Gott,
am Abend dieses Tages bitte ich
um deinen Segen für alle Menschen,
denen ich heute begegnet bin.
Bei manchen habe ich gespürt,
dass sie schwer an ihrem Leben tragen,
dass sie sich ungesegnet fühlen.
Halte du jetzt deine segnende Hand über sie
und segne ihren Abend und ihre Nacht.
Sende ihnen Träume, die sie mit Freude
erfüllen und mit der Gewissheit,
dass dein Licht sie umgibt und deine Liebe
sie durchdringt.
Verwandle durch heilende Träume
ihre Schwere und Dunkelheit, ihre Angst
und ihre Einsamkeit.
Zeige ihnen, dass du selbst zu ihnen sprichst
im Traum und ihnen Weisung schenkst
für ihr Leben.
Am Ende dieses Tages bitte ich dich
auch um deinen Segen für alles,
was ich heute begonnen habe.

Lass die Worte, die ich gesprochen habe, und
die Entscheidungen, die ich treffen musste,
für mich und für die Menschen um mich herum
Segen bringen.
Segne meinen Schlaf, damit ich mich erhole
von der Last des Tages, damit ich im Traum
eintauche in deine heilende Gegenwart und
im Traum Weisung erhalte für den nächsten Tag.
Ich möchte mich in deine guten Hände
fallen lassen und alles dir anvertrauen,
damit du alles zum Besten führst.
Segne diesen Abend und diese Nacht
aber auch für alle Menschen, die Angst haben
vor dieser Nacht und vor der Dunkelheit,
die sich um sie legt.
Segne du ihre Nacht, dass sie für sie
zu einer heilenden und heilsamen Nacht wird,
zu einer Nacht, in der dein Licht stärker ist
als alle Dunkelheit.

So segne diesen Abend und diese Nacht,
die sich nun über die Welt breitet,
damit sie Frieden bringt und Segen für alle.
Amen.

Morgensegen

Barmherziger und guter Gott, segne
diesen Morgen, den du mir geschenkt hast.
dass es ein Tag des Heils werde, ein Tag,
der mir und den Menschen um mich herum
Segen bringt und Früchte trägt, die bleiben.
Segne mich und alles, was ich heute
in die Hand nehme, was ich anpacke, berühre,
forme und gestalte.
Lass meine Arbeit zum Segen werden für andere.
Segne mich, damit ich selbst zu einer Quelle
des Segens werden darf für die Menschen,
denen ich heute begegnen werde.

Segne die Menschen um mich herum.
Segne meine Familie, meinen Ehepartner,
meine Kinder, meine Freunde.
Segne vor allem die Menschen,
die es schwer haben mit sich selbst,
die sich nicht gesegnet fühlen,
sondern eher verflucht,
die so viele verletzende Worte in sich tragen
und deine Segensworte überhören.

Halte deine segnende Hand über sie, damit
dein Segen alle Fluchworte aus ihnen vertreibt
und ihnen die Gewissheit schenkt,
dass ihr Leben Frucht trägt.
Segne ihre Schritte,
damit sie Schritte des Friedens werden.
Segne ihr Tun und Reden, ihre Arbeit und
ihr Ausruhen.
Segne die Räume meiner Wohnung.
Vertreibe aus ihnen alle negativen Gefühle, die
manchmal in ihnen hängen bleiben
von den Konflikten, die nicht geklärt wurden.
Segne die Räume meiner Arbeit, damit wir
sie in einem Raum des Segens verrichten
Segne alle Räume meines Tages,
damit alle, die eintreten,
sich von deinem Segen umgeben wissen,
damit sich ihre Herzen öffnen und sie sich
von deinem Segen beschenken lassen.

So begleite mich und die vielen Menschen,
an die ich jetzt denke, heute mit deinem Segen.
Amen.

GEBETE IM JAHRESKREIS

Gebete im Jahreskreis

Und das Wort ist Fleisch geworden
und hat unter uns gewohnt,
und wir haben seine Herrlichkeit geschaut –
Gnade und Wahrheit.

nach Johannesevangelium 1,14

Beten im Kirchenjahr

Das Kirchenjahr möchte uns immer mehr einführen in das Geheimnis der Menschwerdung. An den verschiedenen Festen werden Aspekte unserer Seele zum Ausdruck gebracht. Das bringt uns in Berührung mit dem Reichtum unserer Seele. Und es hält alle Seiten unserer Seele in das Licht der Erlösung durch Jesus Christus.
An den Festen spielen wir uns immer mehr hinein in das Geheimnis unserer Erlösung und Heilung. Wenn wir uns auf diese Weise einlassen auf die Feste des Kirchenjahres, werden wir jedes Jahr aufs Neue mit allen Facetten unseres Menschseins konfrontiert. Und wir erfahren jedes Jahr ein wenig mehr Heilung.

Segen des Adventskranzes

Barmherziger und guter Gott,
segne diesen Adventskranz,
damit er uns in dieser Zeit
des Wartens und Hoffens begleiten möge.
Stärke durch ihn unsern Glauben,
dass unser Leben gelingen wird,
dass du am Beginn dieses Kirchenjahres
alles Gebrochene und Zerbrochene
verbinden und heilen willst.

Lass die Kerzen dieses Adventskranzes
nicht nur unser Haus, sondern auch
unsere Herzen erhellen und wärmen.
Lass dein tröstliches Licht
in unseren Herzen aufleuchten, damit alle
Härte und alle Verzweiflung daraus weichen.
Das Licht dieser Kerzen vertreibe
aus diesem Haus allen Hass und Zwietracht.
Es erfülle dieses Haus
mit deiner Liebe und deiner Hoffnung.

Wir sehnen uns danach,
dass diese Adventszeit auch unser Haus
verwandle, damit wir darin Heimat finden
und uns in dir geborgen wissen.
Erinnere uns
durch das Licht dieses Adventskranzes,
dass du selbst in unserem Hause wohnst.
Daheim sein können wir nur dort,
wo das Geheimnis wohnt.
Wenn du bei uns und unter uns wohnst,
können wir es bei uns aushalten,
weil du selbst, das unendliche und
unaussprechliche Geheimnis, unser Haus
zum Heim formst, in dem wir gerne sind.

So segne diesen Adventskranz
und alle in unserem Haus,
denen die Kerzen auf diesem Kranz leuchten,
der gütige und barmherzige Gott,
der Vater, der Sohn und der Heilige Geist.
Amen.

Ich spüre in mir eine Sehnsucht

Barmherziger Gott,
die Adventszeit beginnt.
Ich spüre in mir eine tiefe Sehnsucht,
diese Zeit intensiv zu erleben.
Ich erinnere mich gerne daran,
wie mich diese Zeit als Kind berührt hat.
Aber in den letzten Jahren ist der Advent
oft an mir vorübergegangen.
Ich konnte keine Zeit finden,
mich still hinzusetzen und auf dich
und deine Ankunft zu warten,
Ich muss erst bei mir selbst ankommen,
damit ich mich nach deinem Kommen
ausstrecken kann.

Ich weiß, dass ich nicht die Gefühle
der Kindheit in mir hervorlocken kann.
Aber ich bitte dich, wecke in mir
die Sehnsucht nach dir.
Bringe mich in Berührung
mit der Sehnsucht meines Herzens,
mit der Sehnsucht nach Licht und Liebe,

nach Geborgenheit und Heimat,
mit der Sehnsucht nach Klarheit und Echtheit,
mit der Sehnsucht nach dem,
„was kein Auge geschaut und
in keines Menschen Herz je gedrungen ist".
Zeige mir, dass alle meine Sehnsüchte
von keinem Menschen und von keiner
äußeren Befriedigung gestillt werden können,
sondern allein von dir.

Weite mein Herz, dass es dich aufnehmen kann,
und führe mich in eine tiefe Stille, in der
ich dich erahne auf dem Grund meines Herzens.
Wenn ich dich in mir spüre, dann wird Advent
in mir sein, dann bist du angekommen
in meinem Herzen.
Dann fallen all die Äußerlichkeiten ab
und ich spüre, wer ich vor dir bin.
Lass mich in dieser Adventszeit
bei dir und bei mir selbst ankommen,
damit dein Kommen mir wirklich zum Heil wird.
Amen.

Ich höre die Verheißungen

Guter Gott,
gern singe ich die Lieder der Adventszeit
und höre die Verheißungen der Propheten.
Aber manchmal ziehen die Texte und Lieder
an mir vorbei und berühren mich nicht.
Lass deine Worte in mein Herz fallen,
damit sie es aufschließen für den Frieden,
den du uns verheißen hast,
für die Liebe, die in dir auf die Erde kommt,
für das Heil, das durch dich
für uns geschieht, und für die Weisheit,
die in dir aufleuchtet.

Die Verheißungen der Propheten
richten sich auf eine andere und bessere Welt.
Manchmal erschlägt mich der Eindruck,
dass die Welt im Argen liegt.
Die Stärkeren beuten die Schwächeren aus.
Immer mehr Menschen geht es schlecht.
Lass mich an dieser Welt nicht verzweifeln.
Schenke mir den Glauben, dass du diese Welt
in deinen guten Händen trägst
und dass du uns nicht vergessen hast.

Ich will dir vertrauen, dass du für deine Welt
eine Zukunft des Friedens bereithältst.
Lass mich doch auch dein Wirken
in dieser Welt erfahren,
damit ich noch mehr glauben kann!

Lass diese Zeit des Advent eine heilende Zeit
sein für unsere Gesellschaft.
Auch wenn die biblischen Botschaft des Advent
vielen fremd geworden ist,
lass die Kerzen, die in diesen Tagen brennen,
auch ihre Herzen erleuchten. Rühre sie an
mit den alten Bildern und Symbolen.
Und öffne über dieser verhangenen Welt
deinen Himmel, damit dein Tau sich ergieße
auf das vertrocknete Feld unserer Seelen.
Sende deinen Trost zu den Ungetrösteten
und Untröstlichen.
Und lass deinen Frieden und deine
Gerechtigkeit aufblühen auf unserer Erde
durch Christus, unseren Herrn.
Amen.

Du bist als Kind zu uns gekommen

Allmächtiger Gott,
du hast deine Allmacht verlassen
und bist als kleines und hilfloses Kind
zu uns gekommen.
Du bist für uns klein geworden,
damit wir unseren Größenwahn lassen.
Du hast uns in Jesus Christus
dein göttliches Leben geschenkt,
damit wir es nicht mehr nötig haben,
uns selbst wie Götter zu gebärden.
Du hast unsere tiefste Sehnsucht gestillt:
Dass unsere menschliche Hinfälligkeit
durch deine göttliche Unsterblichkeit
geheilt und gestärkt wird,
dass unsere menschliche Liebe
von deiner göttlichen Liebe erfüllt wird.

Lass mich das Geheimnis
deiner Geburt aus der Jungfrau Maria
immer tiefer verstehen,
damit du auch in mir geboren wirst.

Wenn du in mir geboren wirst,
dann komme ich zu meinem wahren Wesen,
dann feierst du mit mir einen neuen Anfang.
Dann bin ich nicht festgelegt auf
meine Vergangenheit, dann sind
meine Verletzungen nicht mein Schicksal.
Du beginnst mit mir von neuem.
Du hast in Jesus deinen ursprünglichen Traum
vom Menschen verwirklicht.
Du möchtest deinen Traum vom Menschen
durch Jesus auch in mir Wirklichkeit
werden lassen.

Öffne mein Herz für deine Liebe,
die mir in dem göttlichen Kind in der Krippe
entgegenstrahlt. Zerbrich den Panzer,
den ich um mein Herz gelegt habe.
Lass mich an deine ohnmächtige Liebe glauben,
die in dem Kind aufleuchtet.
Sie ist stärker als alle Waffengewalt.
So schenke deiner Welt durch die Geburt
deines Sohnes den wahren Frieden.
Amen.

Dein zärtliches Licht

Gütiger Gott, in dem Kind in der Krippe
ist dein ewiges Licht
mitten in der Nacht aufgestrahlt.
Erhelle mit deinem zärtlichen Licht
auch meine Dunkelheit.
Vertreibe die Finsternis meiner Angst,
meiner Traurigkeit, meiner Einsamkeit
und erfülle mich mit der Liebe, die auf dem
Antlitz deines Sohnes mir entgegenstrahlt.
Wenn ich an mir verzweifle
und wenn ich manchmal an den Menschen
und ihrer Kälte irre werde, dann soll
das milde Licht des göttlichen Kindes
mich durchdringen und wärmen.
Es schenke mir Hoffnung, dass deine Liebe
stärker ist als aller Hass,
dass dein Licht jede Dunkelheit
zu erhellen vermag. Mach mein Herz
zu einer Krippe für deinen Sohn,
und lass mich den Frieden erfahren,
der von dem Kind in der Krippe ausgeht
und der auch mein Herz erfüllen möchte.

Wenn Christus in mir geboren wird,
wenn er mein Herz ausfüllt, dann ahne ich
etwas von dem Frieden, der von ihm ausgeht.
Es ist kein Friede, der mit Waffengewalt
durchgesetzt werden muss.
Sein Friede strömt aus einem Herzen,
das von Liebe voll ist.
Mit diesem Herzen voller Liebe
denke ich an all die Menschen,
die an Weihnachten alleine sind,
die einen lieben Menschen verloren haben,
die sich einsam fühlen.
Manche haben gerade an Weihnachten Angst,
dass ihr Leben nicht gelingt. Sie erinnern
sich an die vielen Weihnachtsfeste, an denen
sie sich geborgen und geliebt wussten.
Die Erinnerung tröstet sie nicht,
sondern schmerzt sie, weil sie sich heute
so ganz anders fühlen. Lass dein mildes Licht
auch in ihr Herz strömen, dass sie sich
in deiner Liebe geborgen fühlen,
dass sie spüren, dass auch ihre Dunkelheit
von deinem Licht erhellt wird.
Amen.

Danke für das vergangene Jahr

Guter Gott, ich möchte dir danken
für alles, was du mir im vergangenen Jahr
geschenkt hast. Du hast mich begleitet
und mich davor bewahrt, in die Irre zu gehen.
Du hast meinem Leben Fruchtbarkeit geschenkt.
Ich danke dir für alles,
was in mir gewachsen ist, und für alles,
was durch mich für andere geschehen ist.

Wenn ich auf das vergangene Jahr zurückschaue,
fällt mir manches ein, was nicht so gut war.
Ich war oft genug unachtsam,
habe einfach so in den Tag hinein gelebt.
Ich habe viele Gelegenheiten der Begegnung
und eines Neubeginns in der Beziehung
zu anderen Menschen versäumt.
Ich habe auch Menschen verletzt,
weil ich zu sehr um mich gekreist bin
und nicht sensibel war
für die Situation des andern.
Vergib mir alles, was ich versäumt oder
falsch gemacht habe.

Ich vertraue deiner Vergebung und will alles
begraben, was mich belastet, damit ich
als neuer Mensch in das neue Jahr gehen kann.

Ich denke auch an all die Menschen,
mit denen ich im vergangenen Jahr mein Leben
geteilt habe, denen ich begegnet bin.
Segne sie, dass sie sich immer
unter deiner segnenden Hand wissen.
Schenke ihnen den Geist der Dankbarkeit,
damit sie das vergangene Jahr dankbar
in deine guten Hände legen
und voller Vertrauen in das neue Jahr gehen.
Amen.

Segen für das neue Jahr

Barmherziger und guter Gott.
Du hast mir ein neues Jahr geschenkt.
Das Neue hat eine besondere Anziehungskraft.
Auch Jesus hat vom neuen Wein gesprochen,
der in neue Schläuche passt, vom neuen Bund,
den er mit uns schließt, vom neuen Gebot,
das er uns gegeben hat, vom Gebot der Liebe.
Im Neuen steckt die Verheißung von Freiheit
und Weite, von Offenheit und Hoffnung
Doch das Neue kann schnell alt werden.
Es bekommt Flecken.
Und dann ist es nicht mehr wirklich neu.

Segne du dieses neue Jahr,
dass es mich in neue Räume führt.
Lass den ursprünglichen und unverstellten
Glanz meiner Seele neu aufstrahlen.
Und bewahre dieses Neue und Unversehrte in mir
vor allen Trübungen.
Lass mich nicht in die alten Fehler fallen,
sondern schaffe Neues in mir.

Ich denke auch an all die Menschen,
die mir im neuen Jahr begegnen werden.
Segne unsere Begegnungen.
Ich bete für die, die Angst haben,
was das neue Jahr wohl bringen mag,
die Angst haben, ihre Arbeit zu verlieren,
ihren Lebensunterhalt nicht zu schaffen,
ihr Leben nicht zu bewältigen.
Erfülle ihr Herz mit Vertrauen,
dass sie nicht allein gelassen sind,
dass du für sie sorgst,
dass du ihnen Menschen schickst,
die sie aufrichten und stützen.

Segne unsere Welt, dass sie von Kriegen
und Katastrophen verschont bleibt.
Und schenke allen Menschen ein neues Herz,
ein Herz voller Frieden und Liebe.
Amen.

Ein Stern ist aufgegangen

Gott, du wohnst in unzugänglichem Licht.
Doch deine Herrlichkeit ist aller Welt
aufgestrahlt in dem Kind in der Krippe.
Ein Stern ist den Magiern aufgegangen.
Sein Licht hat sie auf den Pilgerweg geschickt,
damit sie dich suchen
und finden und anbeten.
Sie lassen alles liegen und stehen und
machen sich auf den Pilgerweg ihres Herzens.
Sie nehmen Gold, Weihrauch und Myrrhe mit,
das Gold der Liebe,
den Weihrauch ihrer Sehnsucht
und die Myrrhe ihrer Schmerzen.
Sie kommen an, fallen nieder und beten an.
Indem sie anbeten, vergessen sie sich selbst.
Und indem sie sich vergessen,
sind sie ganz gegenwärtig.
Ihre Sehnsucht ist erfüllt.
Sie breiten ihre Gaben aus und erkennen
in dem Kind den König,
dem sie ihr Gold schenken,
den Gott, dem sie den Weihrauch bringen,
und den Arzt, der für sie sterben wird,

um ihre Wunden zu heilen. Ihm schenken sie
die Myrrhe, ein Heilkraut aus dem Paradies,
das alle Wunden heilt.

Auf meinem Weg weiß ich oft nicht,
wo ich stehe und wohin er mich führt.
Und manchmal bin ich es müde weiterzugehen
und möchte stehen bleiben und mich ausruhen.
Lass am Horizont meines Herzens den Stern
aufstrahlen, damit ich weiterwandere
auf meinem Weg zu dem, der allein
meine Sehnsucht zu erfüllen vermag:
der Mensch gewordene Gott,
das Kind in der Krippe,
in dem deine Herrlichkeit erschienen ist.
Lass mich in dem Kind die Weisheit erkennen,
die auch mir den Weg zum wahren Leben weist.
Und lehre mich das Geheimnis der Anbetung:
einfach vor dir niederzufallen,
mich und meine Sorgen zu vergessen,
weil du mich berührst.
Amen.

Ich bin dein geliebtes Kind

Das Fest der Taufe Jesu erinnert mich
an meine eigene Taufe. Auch bei meiner Taufe
hast du das Wort über mich gesprochen:
„Du bist mein geliebter Sohn,
meine geliebte Tochter,
an dir habe ich mein Wohlgefallen."
Und bei diesem Wort ist auch über mir
der Himmel aufgegangen. Und ich darf erfahren:
Ich bin bedingungslos von dir geliebt.
Bevor ich etwas leiste, mich darstelle,
bin ich schon angenommen.
Das befreit mich von dem Druck,
mich beweisen zu müssen, mich überall
anzupassen, damit ich ja beliebt bin.
So will ich immer mit diesem Wort leben,
das du mir in der Taufe zugesprochen hast.

In das Wasser des Jordan stieg Jesus
bei seiner Taufe hinab.
Wasser wurde auch bei meiner Taufe
über mich gegossen.
Die Quelle des Heiligen Geistes strömt
immer in mir. Aus ihr kann ich schöpfen,
ohne je erschöpft zu werden.

Ich darf vertrauen, dass ich nie vertrockne
oder verdurste.
Das Wasser der Taufe hat mich gereinigt
von allen Trübungen meines Selbstbildes,
von den Trübungen, die andere
mit ihren Projektionen mir bereiten,
und von den Trübungen, mit denen ich selber
das ursprüngliche Bild in mir verstelle.

Lass mich deinem Geist vertrauen,
dass er immer wieder alles Trübe in mir klärt
und den unverstellten Glanz meiner Seele
zum Strahlen bringt.
Befreie mich von allem Zwang,
mich beweisen oder rechtfertigen zu müssen.
Du hast mich bedingungslos angenommen.
Lass mich aus diesem Bewusstsein heraus leben,
frei und aufrecht, damit sich auch
die Menschen um mich herum aufrichten und
ihre unantastbare göttliche Würde entdecken.
Amen.

Meine Augen haben das Heil gesehen

Es ist ein schönes Fest:
die Begegnung des Kindes mit den beiden Alten,
mit Simeon und Hanna. Das göttliche Kind
erfüllt die Sehnsucht des Simeon,
der auf die Rettung Israels wartet.
Und es fasziniert die greise Hanna,
die fastend und betend
sich ständig im Tempel aufhält.
Ich liebe die Darstellung, wie der alte Mann
das Kind zärtlich in den Händen hält
und den Lobgesang anstimmt:

„Nun lässt du, Herr, deinen Knecht,
wie du gesagt hast, in Frieden scheiden.
Denn meine Augen haben das Heil gesehen,
das du vor allen Völkern bereitet hast,
ein Licht, das die Heiden erleuchtet,
und Herrlichkeit für dein Volk Israel“

(Lukasevangelium 2,29–32).

Am Festtag der Darstellung Jesu im Tempel
ziehen heute Menschen mit brennenden Kerzen
in die Kirche.

Das Licht von Weihnachten soll nun
in unserem Herzen aufleuchten, damit wir es
durch die Dunkelheit des Alltags tragen.
Lass dein Licht in meinem Herzen brennen,
wenn es um mich herum dunkel wird.
Schenke mir das Vertrauen, dass dieses Licht
auch durch die Stürme des Lebens
nicht ausgelöscht wird.
Gib mir die Weisheit des greisen Simeon
und der hochbetagten Hanna,
damit mir mehr und mehr das Geheimnis
meines Lebens aufgeht und ich in meinem Herzen
das Heil erkenne, das du mir bereitet hast.

Öffne meine Augen, damit ich dein Heil
im Antlitz der Menschen sehe,
denen ich begegne, in den Augenblicken
der Stille, in denen mein Herz angerührt wird,
und in den Worten der Schrift,
die mich treffen.
Und lass mich dieses Licht dorthin tragen,
wo ich arbeite und wirke, damit dein Glanz
auch dort aufleuchtet.
Amen.

Bitte um eine Zeit der Freiheit

Ich freue mich nicht auf die Fastenzeit;
aber ich weiß, dass sie mir gut tut.
So bitte ich dich, guter Gott,
lass es eine Zeit der Gnade für mich werden,
eine Zeit der inneren Reinigung und Freiheit.
Lass mich erkennen,
wo ich mich in Abhängigkeiten verstrickt habe.
Schenke mir die Tage der Fastenzeit
als Zeit der Einübung in die innere Freiheit.
Reinige mich von trüben Emotionen,
von Bitterkeit, Enttäuschung und Ärger,
damit auf dem Acker meiner Seele ein guter
und fruchtbarer Weizen wachsen kann.

Guter Gott,
du selbst schenkst uns diese Fastenzeit,
damit wir uns für Ostern, für das neue Leben
bereit machen, das in uns aufbrechen möchte.
Es soll eine Zeit der Umkehr
und des Umdenkens sein.

Im letzten Jahr ist die Fastenzeit
so schnell an mir vorübergegangen.
Ich möchte in diesem Jahr diese Zeit so leben,
dass meine Gewohnheiten sich ändern
und mein Denken anders werden kann.
Ich möchte an einem Tag in dieser Zeit
bewusst für einen Menschen fasten und beten.
Es soll kein schnelles und unverbindliches
Fürbittgebet werden. Ich will für ihn fasten,
damit er sich von dir gesegnet weiß.
Fastend wird mich mein Leib den ganzen Tag
an diesen Menschen erinnern.

Guter Gott, ich halte diesen Menschen
in deine Barmherzigkeit hinein,
damit er findet, was er für seinen Weg
und seinen inneren Frieden braucht.
Erfülle ihn mit deinem Geist,
dass er sein wahres Selbst entdeckt
und in Einklang kommt mit seinem Wesen
und mit deinem Willen.
Amen.

Deine Passion will mir die Augen öffnen

Herr Jesus Christus, du hast für uns gelitten.
Du hast auch für mich gelitten.
Ich weiß nicht,
warum du diesen Kreuzweg gehen musstest.
Aber ich erkenne in ihm deine Liebe zu uns,
die du bis zum Ende durchgehalten hast.
Du hättest ja auch fliehen können
vor der Borniertheit der Menschen.
Wenn ich deine Passion betrachte,
so staune ich über deine Liebe zu mir.
Du hast dein Leben auch für mich
aufs Spiel gesetzt.
Du hast dich auch für mich hingegeben.
Ich bin in deinen Augen wertvoll.
So will ich in dieser Zeit vor Ostern
deine Liebe betrachten, wie sie mir
aus deiner Passion entgegenleuchtet.

Deine Passion will mir aber auch
die Augen öffnen für das eigene Leid
und für das Leid der Menschen um mich herum.

Du zeigst mir einen Weg, all das anzunehmen,
was mich täglich durchkreuzt.
Es will mich aufbrechen für das Geheimnis
deiner unbegreiflichen Liebe.
Ich weiß nicht, warum mich das Leid trifft,
und ich denke auch nicht darüber nach.
Ich halte dir mein Leiden hin und
bitte dich: Heile du das Zerbrochene in mir
und brich mein Herz auf für dich
und für mein wahres Selbst.
Brich mein Herz auch auf für die Menschen
um mich herum, die an sich selbst leiden
oder die ein schweres Los getroffen
und zerschlagen hat.
Du bist in deine Passion hineingegangen,
um überall bei uns zu sein, auch dort,
wo Gott scheinbar abwesend ist.
Verwandle du mein Leid
und das Leid dieser Welt in einen Ort
der Gnade und der Erfahrung einer Liebe,
die durch nichts zerstört werden kann.
Amen.

Du gehst deinen Weg als König

Palmsonntag

Herr Jesus Christus, du bist als König
in Jerusalem eingezogen. Die Leute haben
dir zugejubelt. Doch schon nach ein paar Tagen
hat sich die Stimmung gedreht.
Deine Widersacher haben die Menschen
aufgewiegelt gegen dich und deine Botschaft.
Auch unser Lebensweg kennt Anerkennung
und Widerstand. Er führt uns durch
Konflikte und Auseinandersetzungen hindurch.
Und oft genug erleben wir, dass Menschen
sich gegen uns stellen und uns bekämpfen.
Lass uns diesen Weg gemeinsam mit dir gehen.
Lass uns erfahren: In uns ist ein Königtum,
das nicht von dieser Welt ist, das uns daher
diese Welt auch nicht nehmen kann.
Du gehst deinen Leidensweg
nicht als Gebeugter und Erniedrigter,
sondern als König. Du bleibt auch in der
größten Verachtung und Misshandlung König.
Lehre mich, meinen Weg zu gehen
gemeinsam mit dir und im Bewusstsein
meiner königlichen Würde.

Dann werde ich dem Leiden nicht ausweichen,
Aber auch wenn Menschen mich lächerlich
machen, wenn sie mich beschimpfen,
wenn sie mich verleumden, können sie mich
in meiner Würde nicht zerbrechen.
Das Königtum in mir, das nicht von dieser Welt
ist, kann nicht zerstört werden.
So lehre mich, Herr Jesus Christus, mit dir
den Weg zu gehen, damit auch mein Weg
über das Kreuz in die Herrlichkeit führt,
nicht nur in die Herrlichkeit nach dem Tod,
sondern auch in den ursprünglichen Glanz,
mit dem du mich und meine Seele
ausgestattet hast.
Das Licht von Ostern soll schon jetzt
über all meinen Wegen durch Dunkelheit
und Drangsal hindurchscheinen,
damit ich unterwegs nicht gefangen bleibe,
sondern mit dir tapfer weiterschreite,
hinein in das wahre Leben.
Amen.

Du hast mich bis zum Ende geliebt

Gründonnerstag

Herr Jesus Christus,
am Abend vor deinem Leiden hast du uns
ein Vermächtnis deiner Liebe gestiftet.
Du hast mit deinen Jüngern Abendmahl gehalten
und hast dich selbst ihnen gegeben
im Brot und im Wein. Du hast das Brot
gebrochen als Zeichen deines Todes,
in dem du für uns zerbrochen wurdest,
um all das Gebrochene und Zerbrochene in uns
zu heilen und zu verbinden.
Und du hast den Kelch gereicht als Bild dafür,
dass deine Liebe im Tod zur Vollendung kommt,
dass du dein Herzblut für uns gibst.
„Es gibt keine größere Liebe, als wenn einer
sein Leben für seine Freunde hingibt"
(Johannesevangelium 15,13).

Schenke mir einen neuen Blick
für das Geheimnis der Eucharistie,
in der du dich für mich hingegeben hast,
damit ich auf dieser Hingabe
mein Leben bauen darf.

Nach dem Mahl voller Liebe und Nähe
bist du in den Garten von Getsemane gegangen.
Und da haben dich deine Jünger allein gelassen.
Sie haben geschlafen. Sie kreisten
nur um sich und ihre Müdigkeit.
Du hast dich deiner Angst und Ohnmacht,
deiner Einsamkeit und deinem Unverstandensein
gestellt. Du hast mit Gott gerungen
und dich durchgerungen zu dem Gebet,
das du auch uns gelehrt hast:
„Vater, dein Wille geschehe!“
Lass mich dieses Gebet sprechen,
wenn ich nicht verstehe, warum das oder jenes
auf mich einbricht. Ein Engel kam,
um dich in deiner Angst zu stärken.
Sende auch mir deinen Engel, wenn die Angst
mich überkommt und ich nichts habe,
was ich dagegen setzen kann.
Stärke mich durch deinen Engel,
damit auch ich, aufgerichtet durch das Gebet,
meinen Weg weitergehen kann.
Amen.

Du heilst mich von der Wunde des Todes

Karfreitag

Herr Jesus Christus, am Karfreitag feiern wir
dein Leiden und deinen Tod am Kreuz.
Wie können wir dein Leiden feiern?
Wir sehen am Kreuz den Sieger über den Tod.
Wir verehren dein Kreuz, weil an ihm
das Heil der Welt gehangen.
Es ist für uns ein Hoffnungszeichen,
dass selbst das schlimmste Marterwerkzeug
zum Ort der größten Liebe werden kann,
dass die Grausamkeit der Menschen nicht
über dich triumphiert, sondern deine Liebe
stärker ist als alle menschliche Bosheit.
Das Kreuz zeigt uns,
dass du alles in uns liebst, dass deine Liebe
in alle Gegensätze unseres Leibes und
unserer Seele hinein strömt. Es gibt nichts
in mir, was nicht angenommen ist.
So schenkst du mir mit deinem Kreuz
das Vertrauen, dass ich ganz und gar
geliebt bin und dass mich nichts
von deiner Liebe zu trennen vermag.
Du selbst hast dein Kreuz mit dem Bild
der ehernen Schlange gedeutet, das die

Israeliten in der Wüste in ihrer Todesangst
anschauen sollten, um von den tödlichen Bissen
gerettet zu werden.
Du bist am Kreuz der göttliche Arzt,
der unsere Wunden heilt, der uns
vom Gift der Schlange befreit, vom Gift
unserer Bitterkeit und unseres Grolls,
vom Gift der Rache und der Eifersucht.
Und du heilst uns von der tiefsten Wunde,
die uns bedroht, von der Todeswunde.
Wir schauen am Kreuz unsere Wunden an,
aber auch den Arzt für unsere Wunden.
So feiern wir am Karfreitag,
dass deine Liebe stärker ist als der Tod.
Deine ausgestreckten Arme am Kreuz sind
eine Geste der liebenden Umarmung.
Alles in uns ist von deiner Liebe berührt.
Deine ausgestreckten Arme laden mich ein,
mich in deiner Liebe zu bergen.
Verwandle mein Kreuz und die Kreuze der Welt,
damit an ihnen deine Liebe aufleuchtet.
Amen.

Du bist hinabgestiegen zu meinen Schatten

Karsamstag

Herr Jesus Christus,
du bist nicht nur für uns gestorben.
Du warst auch tot. Du hast drei Tage
im Grab gelegen.
Am Karsamstag gedenken wir deines Totseins.
Du bist im Tod hinabgestiegen zu den Toten
und hast sie zum Licht geführt.
Du bist am Karsamstag auch in die Unterwelt
meiner eigenen Schatten hinabgestiegen,
um all das Verdrängte, das Dunkle und
Chaotische in mir zu berühren und zu
verwandeln.
Du nimmst das Tote und Erstarrte in mir
in deine Hand und weckst es zu neuem Leben.
Du brichst die Tore des Kerkers auf.
Du zerbrichst die Ketten, die mich gefangen
halten, um mich in die Freiheit zu führen.
So halte ich dir im Gebet meine Wahrheit hin,
meine unterdrückten und verdrängten Seiten,
mein inneres Durcheinander, meine Dunkelheit
und all das Erstarrte und Tote in mir.

Ich vertraue darauf, dass du alles in mir
berührst und zum Leben auferweckst.
Du liegst im Grab, damit ich all das begrabe,
was ich mit mir an Ballast herumschleppe.
Ich möchte meine Verletzungen begraben.
Ich verzichte darauf, sie als Vorwand
zu benutzen, die Verantwortung für mich
und für mein Leben nicht zu übernehmen.
Ich verzichte darauf, aufgrund meiner
Verletzungen andern ihr Verhalten vorzuwerfen.
Und ich lasse all die Schuldgefühle los,
mit denen ich mich zerfleische, und all die
Selbstvorwürfe, mit denen ich mir das Leben
schwer mache.

Herr Jesus Christus,
lass alles, was ich begraben möchte,
in deinem Grab versiegelt sein. Lass es darin
sterben, damit es mich nicht mehr belastet.
Und nimm mich an der Hand, richte mich auf
und schenke mir Anteil an deiner Auferstehung.
Amen.

Sende mir den Engel der Auferstehung

Auferstandener Herr Jesus Christus,
du hast die Macht des Todes gebrochen.
Du bist auferstanden und bist nun bei mir.
Gib mir durch deine Auferstehung den Mut,
selbst aufzustehen aus dem Grab
meines Selbstmitleids, meiner Angst,
meiner Dunkelheit, meiner Depression.
Manchmal möchte ich
lieber im Grab liegen bleiben, auch wenn es
dort kalt und dunkel ist. Es erscheint mir
einfacher, als mich dem Leben zu stellen
und verletzt zu werden.
Doch wenn ich auf dich schaue,
dann spüre ich auch in mir den Drang,
aufzustehen, die Fesseln abzuschütteln,
die mich gefangen halten.

Sende mir den Engel der Auferstehung,
dass er auch von mir den Stein wegwälzt,
der mich am Leben hindert und mich blockiert,
aus mir herauszugehen.

Maria von Magdala ist dir begegnet
und du hast sie mit ihrem Namen angesprochen.
Sie hat erfahren, dass dein Wort der Liebe,
das sie während deines Lebens von dir
gehört hat, auch nach dem Tod bestehen bleibt.
Sie kann nicht aus deiner Liebe fallen.
Schenke auch mir die Gewissheit, dass ich
im Tod nicht aus deiner Liebe fallen werde,
dass du mich wie Maria von Magdala
mit einem Wort der Liebe empfangen wirst.
An diesem Osterfest denke ich
an alle Menschen, die Angst haben vor dem Tod.
Befreie sie von ihrer Angst.
Und ich denke an die, in denen es nicht
Ostern geworden ist, die immer noch im Grab
ihrer Depression und Trostlosigkeit liegen.
Lass das Licht der Osterkerze auch in ihre
Dunkelheit eindringen und sie erhellen.
Lass die Kraft deiner Auferstehung auch sie
stärken, dass sie den Mut finden, aufzustehen
und die Weite und Freiheit deiner Auferstehung
am eigenen Leib zu erfahren.
Lass uns alle gemeinsam aufstehen zum Leben.
Amen.

Du bist uns begegnet

Auferstandener Herr Jesus Christus,
du bist deinen Jüngern nach deiner
Auferstehung immer wieder begegnet.
Du bist mit den Emmaus-Jüngern gegangen,
die auf der Flucht waren
vor sich selbst und ihrer Enttäuschung.
Du hast so mit ihnen gesprochen,
dass ihr Herz zu brennen anfing.
Du hast ihnen das Brot gebrochen,
und sie haben dich erkannt.
Du willst auch mir in jeder Eucharistiefeier
als der Auferstandene begegnen.
Da bist du unter uns und brichst uns das Brot,
damit auch uns die Augen aufgehen
und wir dich erkennen.

Du bist den Jüngern am See Gennesaret
mitten in der Nacht ihrer Vergeblichkeit
begegnet. Sie haben die ganze Nacht
umsonst gearbeitet. Da standest du am Ufer
und hast sie angesprochen.
Und als ihr Netz sich auf einmal füllte,
da erkannte dein Lieblingsjünger:
„Es ist der Herr!“ *(Johannes 21,7)*

Du bist auch mitten in meinem Alltag bei mir,
in meiner Arbeit im Büro, in den Besprechungen
mit anderen, bei den gemeinsamen Mahlzeiten.
Öffne mir die Augen, damit ich dich bei allem,
was ich tue, erkenne.
Dann wirst du meine Nacht der Vergeblichkeit
in einen leuchtenden Morgen verwandeln,
meine Einsamkeit und das Graue meines Alltags
in die Erfahrung deiner liebenden Nähe.
Du bist dem zweifelnden Thomas begegnet.
Du kennst auch meine Zweifel, ob manches,
was ich glaube, nur Einbildung ist.
Tritt du selbst in meine Zweifel hinein
und zeige dich mir. Berühre mich
mit deinem Wort, damit ich dich zu berühren
wage und mit Thomas zu sprechen vermag:
„Mein Herr und mein Gott" *(Johannes 20,28).*
Lass mich wie Thomas in meinem Zweifel
niederfallen vor dir und dich anbeten:
Du bist wahrhaftig mein Herr und mein Gott.
Du bist wirklich auferstanden
und richtest auch mich auf.
Amen.

Du bist in uns als der innere Meister

Herr Jesus Christus,
vierzig Tage nach deiner Auferstehung
bist du in den Himmel aufgefahren.
Du hast dich uns entzogen. Du willst nicht,
dass wir dir nur äußerlich nachfolgen.
Du bist nun in uns als der innere Meister.
„Dein Himmel ist in mir",
hat Angelus Silesius gedichtet.
Du bist auch in den Himmel in mir
aufgestiegen. Du bist mir durch deine
Himmelfahrt innerlicher geworden
als ich mir selbst bin, wie es Augustinus
ausgedrückt hat.
Doch oft spüre ich den Himmel in mir nicht.
Herr Jesus Christus, öffne meine Augen,
damit sie den Himmel in mir entdecken,
den Raum der Stille in mir, in dem du
in mir wohnst. Dort, wo du in mir herrschst,
kann kein Mensch über mich Macht ausüben.
Da bin ich wahrhaft frei.

Wenn ich unter blauem Himmel spazieren gehe,
wird auch mein Herz weit. Doch oft genug
ist der Himmel über mir verhangen.
Und ich kenne viele, die nie zum Himmel
aufschauen.
Sie kreisen so um sich und ihre Probleme,
dass sie den weiten Horizont über ihrem Leben
nicht wahrnehmen. Für sie bitte ich:
Lenke ihren Blick zum Himmel, dass ihre Sorgen
das rechte Maß annehmen und sie sich
von dir umgeben und umhüllt wissen.
Öffne über ihnen den Himmel,
dass dein Licht von oben in sie eindringt
und ihr Herz weit macht, damit sie auch
in ihrem Inneren den Himmel entdecken,
in dem dein Glanz schon jetzt aufstrahlt.
Lass mich und lass die vielen Menschen,
für die sich der Himmel verdunkelt hat,
dieses innere Licht sehen,
dein Licht der Auferstehung,
mit dem du uns erleuchtest.
Amen.

Sei du in mir, heilige Glut

Heiliger Geist, an Pfingsten hast du
die schüchternen Apostel aus ihrem
verschlossenen Obergemach hinausgetrieben,
so dass sie voller Mut die Frohe Botschaft
von der Auferstehung Jesu verkündeten.
Du warst wie ein Sturm, der sie durchwehte,
der alles Verstaubte aus ihnen hinaustrieb
und sie zu den Menschen sprechen ließ.
Ein Sturm der Begeisterung erfasste
Redner wie Zuhörer.
Heiliger Geist, durchströme auch mich
mit deinem Sturm. Wehe aus mir
alles Hemmende und Blockierende hinaus
und führe mich in die Freiheit.

Heiliger Geist, du bist den Jüngern
in Feuerzungen erschienen.
Du hast ihren Worten Feuer gegeben.
Sei du in mir als die Glut, die mich wärmt,
damit auch meine Sprache zu wärmen vermag.
Ich merke, dass eine kalte Sprache
die Menschen nur auseinander treibt.

Jeder zieht sich auf sich selbst zurück,
um nicht frieren zu müssen.
Durchglühe mich mit deinem Feuer,
damit meine Worte wieder Feuer fangen,
damit ein Funke von ihnen überspringt.
Schenke mir eine wärmende Sprache,
eine Sprache, die zusammenführt und die
die Menschen verstehen, so wie an Pfingsten
alle die Sprache der Apostel verstanden.
Entlarve die kalte und menschenverachtende
Sprache, die heute oft gesprochen wird,
und schenke nicht nur mir,
sondern der ganzen Welt eine Sprache,
die verbindet, die vereint,
die aufrichtet und heilt.

Wenn du die Herzen der Menschen berührst,
dann werden sie eine Sprache sprechen,
die aus dem Herzen kommt.
Und diese Sprache wird uns miteinander
verbinden, so dass wir gemeinsam
die Großtaten Gottes verkünden.
Amen.

GEBETE DER STILLE

Gebete der Stille

Der Herr sprach zu Elija: Geh hinaus
aus deiner Höhle und tritt auf dem Berg
vor den Herrn hin.
Da zog der Herr vorüber.
Ein gewaltiger, heftiger Sturm,
der Berge zersprengt und Felsen spaltet,
ging vor dem Herrn her,
aber der Herr war nicht im Sturm.
Nach dem Sturm kam ein Erdbeben,
aber der Herr war nicht im Erdbeben.
Nach dem Erdbeben kam Feuer,
aber der Herr war nicht im Feuer.
Nach dem Feuer kam ein leises,
sanftes Säuseln.
Als Elija das vernahm,
verhüllte er sein Gesicht mit dem Mantel,
ging hinaus und trat an den Eingang
der Höhle.

1 Könige 19,11–13

Der Raum der Stille

Das Ziel des Gebetes ist, dass ich nach allem, was ich Gott gesagt oder hingehalten habe, in die Stille komme. Zu diesem Raum haben die Menschen mit ihren Erwartungen und Ansprüchen, mit ihren Urteilen und Verurteilungen, mit ihren aggressiven und kränkenden Worten keinen Zutritt. Zu diesem inneren Ort können auch meine eigenen Selbstvorwürfe, meine Sorgen und Ängste und meine Schuldgefühle nicht vordringen. Es ist der Raum des Schweigens, in dem Gott selbst in mir wohnt. Dort, wo das Geheimnis in mir wohnt, kann ich daheim sein. In dem inneren Raum des Schweigens kann ich daheim sein, weil ich mich in Gottes liebende Hände fallen lassen kann.

Komm, Heiliger Geist

Komm, Heiliger Geist, und erhelle
die Dunkelheit meines Herzens.
Schenke meiner inneren Zerrissenheit
und meiner Unrast Ruhe und Frieden.
Wasche rein in mir, was befleckt ist.
Kläre in mir, was sich eingetrübt hat.
Brich das Erstarrte in mir auf,
dass das Leben wieder in mir strömt.
Befruchte, was in mir vertrocknet
und verdorrt ist, und bringe es zum Blühen.
Heile du, wo ich verwundet bin.

Lass deine heilende Kraft
in meine Krankheiten strömen, in die
kranken Stellen meines Leibes, aber auch
in die kranken Bereiche meiner Seele.
Vieles in mir ist verwundet. Oft spüre ich
die Wunden, wenn ich empfindlich reagiere
auf Kritik oder Unverständnis.
Heile du meine empfindlichen Stellen.
Berühre mich dort, wo ich nicht
in Berührung bin mit mir selbst.

Heiliger Geist, oft bin ich orientierungslos.
Ich weiß nicht, wohin mein Weg geht.
Sprich du zu mir in der Stille meiner Seele
und zeige mir den Weg, den ich gehen soll.
Weise mich auf den Weg, der mich
in größere Lebendigkeit und Freiheit führt.
Wenn ich kein Leben mehr in mir spüre, dann
gieße du deine göttliche Kraft in mich ein.
Richte mich auf, stärke mich, heile mich und
löse alle Fesseln, die mich gefangen halten.

Manchmal weiß ich nicht mehr weiter.
Ich weiß nicht, wie ich beten soll.
Komm du mir zu Hilfe. Bete du in mir
„in unaussprechlichem Seufzen" *(Römer 8,26).*
Zeige mir die Tiefen meiner Seele,
die ich selber nicht kenne, und erfülle sie
mit deiner Liebe und deinem Licht, damit ich
mich vor nichts in mir zu ängstigen brauche.
Darum bitte ich dich, heiliger
und heilender Geist, Geist Jesu Christi,
der mich immer tiefer hineinzieht
in die Gestalt meines Herrn Jesus Christus.
Amen.

Beim Lesen der Heiligen Schrift

Gott,
du hast in der Heiligen Schrift
zu uns Menschen gesprochen.
Du willst jetzt, da ich die Bibel
in die Hand nehme, zu mir sprechen.
Öffne mein Herz,
damit ich in deinen Worten dein Herz entdecke.
Sende mir deinen Heiligen Geist,
damit ich deine Worte verstehe
und in deinen Worten dich selbst erkenne,
der bei mir und in mir ist,
der zu mir spricht, weil er mich liebt
und weil er mir den Weg zum wahren Leben
weisen möchte.
Lass mich in deinen Worten Heil
und Heilung erfahren.

Manchmal ärgern mich die Worte der Bibel.
Lass mich gerade an diesen Worten erkennen,
wer du in Wirklichkeit bist
und wer ich vor dir bin.

Der heilige Augustinus hat einmal gemeint,
das Wort Gottes sei nur dann mein Feind,
wenn ich selbst feindlich mit mir umgehe.
Ich solle freundlich mit mir umgehen,
dann sei auch das Wort Gottes mein Freund.

Lass mich deine Worte als Freund erleben,
der mir die Augen öffnet
für die Wahrheit meines Lebens und für das
Geheimnis deiner unbegreiflichen Liebe.
Der mich begleitet und auf vieles hinweist,
was ich sonst übersehen würde.
Lass deine Worte zu Heilungsworten werden,
Worte, die mich reinigen von all den
verletzenden Worten, die ich gehört habe.
Worte, die all die zerstörerischen Worte,
die in mir manchmal auftauchen, verwandeln
in Worte des Lebens.
Sei du selbst in deinem Wort bei mir
und lass mich dich spüren
als den, der von Herz zu Herz spricht
und mich ganz persönlich meint in den Worten,
die ich mit einem wachen Herzen lesen werde.
Amen.

Das Herzensgebet

„Herr Jesus Christus, Sohn Gottes,
erbarme dich meiner!"
Mit diesen Worten haben die frühen Mönche den ganzen Tag meditiert, mit jedem Atemzug, mit jedem Herzschlag, so dass die Worte ihnen in „Fleisch und Blut" übergegangen, in ihnen „Fleisch geworden" sind und ihre Seele und ihren Leib geprägt haben.

Herr Jesus Christus, auch ich möchte
mit diesem wunderbaren Wort beten.
Ich möchte in diesen Worten deinen Geist
der Barmherzigkeit und der Liebe
in mein Herz eindringen lassen,
aber nicht nur in mein Herz, sondern in alle
Bereiche meines Leibes und meiner Seele.
Lass in diesen Worten deine barmherzige Milde
in meinen Ärger dringen und ihn verwandeln.
Die Worte mögen meine Angst vertreiben,
meine Leere füllen, meine Dunkelheit erhellen
und meine Kälte wärmen.

Herr Jesus Christus, du selbst
willst in diesen Worten in mich eindringen.
Du zeigst mir den Weg zu dem Raum der Stille,
in dem du selbst in mir wohnst und den du
mit deiner Wärme und Herzlichkeit erfüllst.
Lass mich in diesem Raum der Stille
in dir und vor dir zur Ruhe kommen.
Lass mich an deinem Herzen ruhen,
so wie Johannes beim letzten Mahl
an deinem Herzen gelegen hat.
Lass mich in diesem inneren Raum der Stille
Heimat erfahren, weil du, das unaussprechliche
Geheimnis, in mir wohnst.
Durchdringe mich mit deinem Geist,
dass auch mein Reden und Tun
von deinem Geist künden,
dass ich aufhöre, deine Liebe in dieser Welt
zu trüben, und durchlässig werde für dich.
Dann wirst du durch mich und durch die vielen,
die sich von dir durchdringen lassen,
diese Welt immer mehr in deinem Geist
gestalten und prägen.
Amen.

Ich bete dich an

Allmächtiger und ewiger Gott,
du heiliger und unbegreiflicher Gott.
Ich falle vor dir nieder und bete dich an.
Schenk mir den Geist wahrer Anbetung,
in der ich ganz und gar von dir ergriffen bin
und mich selbst vergessen kann.
Ich sehne mich danach, in der Anbetung
so von dir angerührt zu werden, dass
alles Denken über meine eigene Befindlichkeit
nicht mehr wichtig ist.
Wenn ich dich so anbeten könnte,
dann wäre ich wahrhaft frei
von meinem engen Ich,
das ständig um sich selbst kreist
und immer wissen möchte,
welchen Nutzen es vom Gebet hat.

Du bist mein Schöpfer,
und ich bin dein Geschöpf.
Ich bete dich an als meinen Herrn
und Schöpfer, als den, dem ich alles verdanke,
der mich jeden Augenblick im Dasein hält.

Erfülle mich mit dem Geist der Anbetung,
damit mir deine unendliche Größe aufgeht
und deine Liebe mich so erfasst,
dass nichts anderes mehr wichtig ist.
Dann wirst nur noch du mein Sein bestimmen.
Und ich werde mich verneigen
vor deiner unbegreiflichen Liebe.

Heiliger Gott, erfülle meine Sehnsucht,
damit ich dich in rechter Weise anbete
und in der Anbetung frei werde
von allem Kreisen um mich selbst.
Amen.

Mit Maria Ja sagen

Gott, du mein Vater und meine Mutter,
du hast Maria zur Mutter deines Sohnes
gewählt. Ich schaue auf sie und staune
über das Geheimnis deiner Menschwerdung.
In Maria leuchtet mir deine
mütterliche und zärtliche Liebe auf.
„Du scheutest nicht den Schoß der Jungfrau."
So betet die Kirche in einem alten Loblied.
Ich bitte dich, öffne mein Herz
für den Sohn der Jungfrau Maria, für Jesus,
damit ich ihn immer besser verstehe.
Schenke mir Marias Vertrauen, damit auch ich
mich deinem Wort so zu öffnen vermag,
dass es in mir Fleisch annimmt
und mich ganz und gar durchdringt.

„Deine Seele wird ein Schwert durchdringen",
so hat Simeon im Tempel zu Maria gesprochen.

(Lukasevangelium 2,35).

Ich bitte dich für all die Mütter,
die darunter leiden, dass ihre Kinder
andere Wege gehen.

Ich bitte dich für alle einsamen Menschen,
für die zerbrochenen Herzen.
Lass sie im Blick auf Maria
deine mütterliche Liebe erkennen und spüren.
Lass sie in deiner Liebe geborgen sein.

Barmherziger Gott,
Maria hat sich auf dein Wort eingelassen
und ihm vertraut, obwohl sie nicht wusste,
wohin sie ihre Antwort führen wird:
„Mir geschehe nach deinem Wort"
(Lukasevangelium 1,38).

Schenke auch mir die Bereitschaft,
mich auf dein Wort einzulassen und darauf
zu vertrauen, dass du auch mein Leben segnet.
Du schenkst mir Maria als Bild der Hoffnung,
dass auch mein Leben Frucht bringt
und Christus auch in mir geboren wird.
Halte deine gute Hand über mich, damit ich
mich immer mehr in deiner Liebe berge
und mich geschützt weiß vor allem,
was mich täglich bedrängt.
Amen.

Du hast mir einen Engel gegeben

Gütiger Gott, du hast mir einen Schutzengel
zur Seite gestellt, der mich begleitet
und der zu mir spricht in den leisen Anstößen
meines Herzens.
So bitte ich dich, stärke meinen Glauben
an den Schutzengel, der mir zur Seite steht.
Öffne mich für das, was er mir sagen möchte.
Lass mich immer und überall durch ihn
behütet sein.

Wenn ich an meinen Schutzengel denke,
dann sage ich zu ihm:

„Du brauchst viel Geduld mit mir,
weil ich oft vor dir davonlaufe,
weil ich auf deinen Schutz nicht achte.
Ich denke, meinen Weg allein gehen zu können.
Und nur wenn ich nicht mehr weiter weiß,
rufe ich nach dir.
Ich danke dir, dass du mich aushältst,
dort, wo ich mich selbst nicht aushalte.
Ich danke dir, dass du mich nicht verlässt,
auch dort, wo ich mich selbst verlasse
und gar nicht mehr bei mir bin.

Ich danke dir, dass du mich begleitest und
auch alle Umwege und Irrwege mit mir gehst.
Du hast Vertrauen, dass ich meinen Weg
wieder finde. Lass mich auf dich hören,
damit ich nicht zu lange vor dir fliehe,
sondern meine Zuflucht zu dir nehme.
Dich hat Gott gesandt, damit mein Weg gelingt.“

Ich danke dir, barmherziger Gott,
für deinen Engel, den du in alle Situationen
meines Lebens sendest, damit ich mich nie
allein gelassen fühle.
Dank sei dir Gott,
der du deinen Boten zu mir schickst.
Und Dank sei dir, meinem Schutzengel,
dass du dich von Gott senden lässt
und alle meine Wege mit mir gehst.
Amen.

GEBETE OHNE WORTE

Gebete ohne Worte

In allen Völkern und Kulturen beten die Menschen nicht nur mit Worten zu Gott. Sie kennen auch ein Gebet ohne Worte, ein Gebet im Schweigen und ein Gebet mit dem Leib.

Schweigen vor Gott

Das Versinken im Schweigen wird nicht nur in den östlichen Religionen hoch geachtet. Auch die christliche Überlieferung kennt das Schweigen vor Gott. Ich setze mich einfach vor Gott hin und schweige. Dabei gibt es drei verschiedene Weisen des Schweigens vor Gott.

Der erste Weg besteht einfach darin, dass ich mich entweder *in eine Kirche setze* oder *vor eine Christusikone* und still werde. Ich nehme Gottes Gegenwart wahr und versuche, selbst ganz gegenwärtig vor Gott zu werden. Ein solches Gebet der Stille übte ein alter Mann in der Kirche des Pfarrers von Ars. Eines Tages fragte ihn der Pfarrer, was er da so lange in der Kirche mache. Er antwortete: „Ich schaue Gott an, und Gott schaut mich an. Das genügt."

Es ist eine sehr persönliche Stille, ein Schweigen vor Gott und mit Gott und in Gott. Ich muss nichts leisten. Ich muss auch nicht konzentriert sein. Ich halte alles, was in mir ist, in Gottes liebenden Blick, damit ich unter seinen Augen den Mut finde, alles in mir anzuschauen, ohne es zu verurteilen.

Der zweite Weg besteht in der *Meditation*. Meditation ist eine ganz bestimmte Methode, vor Gott still zu werden. Ich achte auf den Atem und lasse beim Ausatmen meine immer wieder auftauchenden Gedanken los. Beim Einatmen stelle ich mir vor, dass Gottes Geist in mich einströmt und mich innerlich erneuert. In der Tradition hat man den Atem immer auch mit einem Wort verbunden. Für mich ist das Jesusgebet mein persönlicher Meditationsweg geworden. Ich verbinde mit dem Einatmen „Herr Jesus Christus" und mit dem Ausatmen „Sohn Gottes, erbarme dich meiner!" Es ist ein „Gebet ohne Worte", weil ich nicht über das Wort nachdenke, sondern mich von ihm in das wortlose Geheimnis Gottes hineinführen lasse, in den Raum der Stille, in dem Gott selbst in mir wohnt. Es ist der Raum, der erfüllt ist von der Barmherzigkeit und Liebe Jesu Christi.

In diesem Raum komme ich innerlich zur Ruhe. Da erlebe ich innere Freiheit. Niemand hat zu diesem Raum Zutritt, kein Mensch, kein Gedanke, keine Sorge, keine Angst. Niemand kann mich dort verletzen.
Es ist ein heilender Raum, den ich in mir entdecken darf. Natürlich spüre ich diesen Raum nicht immer. Aber wenn ich ihn erahne, dann fühle ich mich frei. Dann bin ich ganz gegenwärtig. Dann fühle ich mich in Gott daheim.

Der dritte Weg ist die so genannte *„Kellionübung"*. Sie besteht darin, dass ich mich eine halbe Stunde in mein Zimmer oder an einen ruhigen Ort setze und weder bete, noch meditiere, noch nachdenke, noch lese. Ich sitze einfach vor Gott. Die Mönche ermutigen uns, dabei das Bild des Türhüters vor Augen zu haben. Ich sitze da. Es tauchen Gedanken und Gefühle in mir auf. Sie klopfen an meine Tür. Ich befrage jeden Gedanken und jede Emotion: Was willst du mir sagen? Welche Sehnsucht steckt in dir? Dann dürfen alle Gedanken hochkommen. Ich muss gar nicht still sein.

Aber da ich alles zulasse und alles nach der Sehnsucht befrage, werde ich auf einmal still. Das innere Chaos beruhigt sich. Die vielen Gedanken führen mich durch die Sehnsucht, die in ihnen liegt, letztlich zu Gott. Durch alles, was in mir auftaucht, gelange ich in den inneren Grund, in dem Gott in mir wohnt und meinem Leben Festigkeit und Frieden verleiht.

Beten mit dem Leib

Die andere Weise des Gebets ohne Worte ist das leibhafte Gebet, das Gebet mit Gebärden. Der Leib hat seine eigene Sprache. Indem ich bestimmte Gebärden mache, drücke ich meine Beziehung zu Gott aus. Und indem ich sie ausdrücke, vertieft sie sich. Gefühle, die keinen Ausdruck finden, sterben ab. Doch die Gebärden führen mich auch an neue Erfahrungen heran. Indem ich eine bestimmte Gebärde mache, komme ich in Berührung mit Erfahrungen, die andere Beter vor mir mit dieser Gebärde gemacht haben. In den Gebärden betet nicht nur meine Seele, sondern auch mein Leib.

Die Gebärde öffnet jeweils andere Bereiche meiner Seele und meines Leibes für Gott, so dass Gottes Liebe dort einströmen und mich verwandeln kann. Ich möchte nur einige Gebärden beschreiben, die für das leibhafte Beten typisch sind.

Da ist die Gebärde der *offenen Hände*: Ich halte meine Hände in Form einer Schale vor Gott. In meinen Händen halte ich Gott meine Wahrheit hin, ohne dass ich sie selbst bewerte. Ich überlasse mich in meinen Händen Gott und lege mich vertrauensvoll in seine liebenden Hände. Ich halte in meiner Hand das Gott hin, was ich in die Hand genommen, was ich geformt und gestaltet, was ich berührt und was ich bewegt habe. Und ich halte hin, was mir aus der Hand geglitten ist. Ich danke Gott für alles, was er mir in die Hand gelegt hat, für die Fähigkeiten, die er mir geschenkt hat, für die Begegnungen, für die Einsichten und für die vielen unerwarteten Geschenke, die er mir in die Hand gegeben hat. Ich halte Gott meine Ohnmacht hin, meine Sehnsucht, meine Leere, meine Bereitschaft, mich ihm hinzugeben.

Eine andere Gebärde ist die so genannte *„Orantehaltung“*. Ich strecke meine Hände nach oben zu einer großen Schale auf. Ich öffne gleichsam den Himmel über mir und über den Menschen. Diese Gebärde macht mich weit. Ich spüre die Weite und Freiheit Gottes. Und ich öffne den Himmel über den Menschen um mich herum. Mose hat in dieser Haltung für sein Volk gebetet, das gegen die Feinde gekämpft hat. In dieser Gebetshaltung bete ich stellvertretend für all die Menschen, denen jetzt der Himmel verhangen ist oder die im Kampf mit inneren oder äußeren Mächten stehen. Ich bete stellvertretend für sie und flehe zu Gott, dass er seine schützende Hand über sie hält.

Eine uralte Gebärde ist die *Segensgebärde.* Ich erhebe die Hände nach oben und halte meine Handflächen nach vorne. Ich lasse gleichsam den Segen durch meine Handinnenflächen zu den Menschen strömen, an die ich jetzt denke, in die Räume meiner Wohnung, in die Räume, in denen ich arbeite, und zu all den Orten dieser Welt, die voller Dunkelheit und Unfrieden sind, damit

Gottes Segen diese Räume verwandle und er seine segnende Hand über all die Menschen hält, die mir jetzt gerade einfallen. Gottes Segen möge zu den Menschen strömen und sie mit seiner liebenden und heilenden Gegenwart einhüllen.

Am Abend mache ich gerne folgende Gebärde: *Ich kreuze die Arme über der Brust.* Die beiden Hände berühren die Schultern. Es ist für mich die Gebärde, die nach innen geht. Ich schließe die Tür. Ich schütze den inneren Raum der Stille, zu dem jetzt niemand Zutritt hat, kein Mensch, kein Gedanke, kein Selbstvorwurf, kein Schuldgefühl. Ich schütze diesen inneren Raum, in dem Gott, das Geheimnis in mir wohnt. Und ich genieße es, diesen heiligen Raum zu verschließen, in dem ich heil bin und ganz. Es ist zugleich eine Gebärde, in der ich das Gegensätzliche in mir selbst annehme und in der ich vertraue, dass Gottes Liebe alles Gegensätzliche in mir durchdringt. Alles in mir ist angenommen. Alles darf sein. Alles ist erfüllt von Gottes Liebe. Und ich schütze in dieser Gebärde die innere Glut, die in mir brennt, die

Glut des Heiligen Geistes, dass sie meine Worte, meine Gedanken und mein Tun durchglüht und mit Leben und Liebe erfüllt.

Ich habe nur einige Gebärden beschrieben. Versuche die Gebärde zu üben, die dir am besten entspricht. Und nimm dann diese Gebärde als tägliche Übung. Sie wird dich verwandeln. Und sie wird alle Bereiche deines Leibes und deiner Seele für Gott öffnen, damit Gottes Heil alles in dir durchdringt und heilt. Das Gebet will uns Anteil schenken an dem Heil, das uns in Jesus Christus aufgeleuchtet ist. Es will unsere Wunden heilen, und es will uns auf eine andere Ebene führen, auf die Ebene, in der wir eins sind mit Gott, in der unser Leben eingetaucht ist in das göttliche Leben.

Pater Anselm Grün

ist Benediktinermönch und leitet die Verwaltung der Abtei Münsterschwarzach. Er ist spiritueller Berater und Kursleiter für Meditation, tiefenpsychologische Traumdeutung und Kontemplation.

Im Verlag Herder ist von ihm in gleicher Ausstattung auch ein Gebetbuch mit einer Auslegung des Vaterunser und mit Gebeten für jeden Tag der Woche erschienen. Über 25.000 Menschen verbindet dieses Gebetbuch bereits im deutschen Sprachraum; weltweit ist es bislang in neun Sprachen übersetzt.